LE
GENTILHOMME
GUESPIN.

COMEDIE.

A PARIS,

Chez **CLAUDE BARBIN**, au Palais,
fur le Second Perron de la Sainte Chapelle.

M. DC. LXX.

AVEC PRIVILEGE DV ROY.

PREFACE.

E Sujet m'a paru si plaisant & si propre au Theatre, que je n'ay pû m'empescher de le traiter. Peut-estre qu'il ne paroistra pas tel sur le papier, ce qu'il a de plus Comique consistant plus dans les actions que dans les mots. Il y a un perpetuel jeu muet dans cette Piece, qui estant tiré du fonds du sujet, donne un plaisir extréme à l'Auditeur ; & l'on ne dit presque

ã ij

PREFACE.

pas un Vers qui ne faſſe rire dans la Repreſentation, par le chagrin qu'il donne au Vicomte. Le papier ne peut repreſenter ſon inquietude ny ſes poſtures, non plus que le grand beneſt de Fils de Monſieur de Bois-Doüillet, dont on ne trouvera point le Rolle dans l'impreſſion, encor qu'on n'ait guere veu de Perſonnages ſur la Scene qui ayent plus fait rire.

Page 7. au deſſus du Vers, *Mais ma Sœur, s'il, &c.* il faut mettre; LE VICOMTE.

Page 12. devant le Vers, *Que ne le, &c.* il faut mettre LUCRECE.

Page 39. Je ſuis morte, j'ay parlé trop haut, liſez, *j'ay parlé trop haut, je ſuis morte.*

PRIVILEGE DV ROY.

LOUIS par la grace de Dieu, Roy de France & de Navarre : A nos amez & feaux Conseillers, les Gens tenans nos Cours de Parlement, Requestes de nostre Hostel & de nostre Palais à Paris, & à tous autres nos Juges & Officiers qu'il appartiendra, Salut. Nostre bien amé Thomas Jolly, Marchand Libraire à Paris, Nous a fait remontrer qu'il a recouvert une Piece de Theatre, intitulée LE GENTILHOMME GUESPIN, representée sur le Theatre du Marais, laquelle il desireroit imprimer pour la donner au Public, s'il Nous plaisoit luy accorder nos Lettres de Permission sur ce necessaires. A ces Causes, de nostre grace speciale, pleine puissance & authorité Royale, Nous luy avons permis, octroyé & accordé, & par ces Presentes octroyons & accordons la Permission & Privilege d'imprimer, vendre & distribuer ladite Piece, en tel Volume & Caractere que bon luy semblera, pendant le temps & espace de cinq années, à commencer du jour qu'elle sera achevée d'imprimer pour la premiere fois : Faifons defenfes à tous autres Libraires & Imprimeurs, de l'imprimer, ou faire imprimer, fous quelque pretexte que ce foit, fans le confentement dud. Expofant, ou de ceux qui auront droict de luy, à peine de confifcation des Exemplaires, de cinq cens livres d'amende, & de tous defpens, dommages & interefts : Le tout à la charge de mettre un Exemplaire de ladite Piece dans noftre Bibliotheque, un autre en celle du Cabinet de Livres de noftre Chafteau du Louvre, & un troifiéme en celle de noftre tres-cher & feal Chevalier Chancelier de France, avant que de l'expofer en vente ; & d'en rapporter és mains de noftre amé & feal Confeiller en nos Confeils, Grand Audiancier de France en quartier, les Recepiffez de nos Bibliothequaires, à peine de nullité des Prefentes. Voulons qu'en mettant au commencement du Livre l'Extrait des Prefentes elles foient tenuës pour fignifiées, & qu'aux Coppies d'icelles, collationnées par l'un de nos amez & feaux Confeillers & Secretaires, foy foit adjouftée comme à l'Original. Si vous mandons, & à chacun de vous enjoignons, que du contenu en icelles, vous faffiez joüir l'Expofant, & fes ayans caufe, ceffans & faifans ceffer tous troubles & empeſchemens au contraire. Commandons au premier noſtre Huiſſier, ou Sergent ſur ce requis, faire pour l'execution des Preſentes, tous Exploits requis & neceſſaires, ſans demander autre permiſſion, nonobſtant Clameur de Haro, Charte Normande, & Lettres à ce contraires : Car tel eſt noſtre plaiſir. Donne' à S. Germain en Laye le vingt & un de Septembre, l'an de grace mil ſix ſoixante & dix : Et de noſtre Regne le vingt-huit. Signé, Par le Roy en ſon Conſeil, VILLET.

Regiſtré ſur le Livre de la Communauté des Imprimeurs & Marchands Libraires de Paris, ſuivant & conformément à l'Arreſt de la Cour de Parlement du 8. Avril 1653. aux charges & conditions portées par ces Preſentes Lettres. Fait à Paris le 23. Septembre 1670. Signé, Loüis Sevestre, Syndic.

Et ledit Thomas Jolly a aſſocié audit Privilege, Guillaume de Luyne, Eſtienne Loyſon, & Claude Barbin, pour en jouïr conjointement, ſuivant l'accord fait entr'eux.

Achevé d'imprimer pour la premiere fois, le 27. Septembre 1670.

ACTEVRS.

LE VICOMTE DE LA SABLONNIERE.

LUCRECE, sa Femme.

CLARICE, Sœur du Vicomte.

LISETTE, Femme de Chambre de Lucrece.

M. DE CORNANVILLE,

M. DE BOIS-DOUILLET,

SON FILS,

M. DE CHANTE-PIE, } Gentils-hommes Campagnards.

M. DE COCHON-VILAIN,

M. DE BOIS-LE-ROUX, Amant de Clarice.

COLAS,

NICODEME, } Valets du Vicomte.

BLAISE CLAMPIN,

La Scene est dans le Chasteau du Vicomte
de la Sablonniere.

LE GENTILHOMME GVESPIN,

COMEDIE.

SCENE PREMIERE.

LUCRECE, CLARICE.

LUCRECE.

NON, je ne puis plus vivre aveque voftre Frere,
Son humeur me déplaift, je ne fçaurois m'en taire;
Il me traite trop mal, depuis neuf ou dix mois
Que noftre Hymen m'engage à vivre fous fes loix.

A

LE GENTILHOMME

Il croit, dés qu'on me voit que je dois estre aimée,
Et me tient en ce lieu jour & nuit enfermée,
Où ne trouvant jamais personne à qui parler,
Avec vous seulement je puis me consoler.

CLARICE.

Je sçay que je ne puis justifier mon Frere,
Qn'un naturel jaloux a rendu trop severe;
Mais je crois estre encor plus à plaindre que vous,
Vous estes mariée, & je n'ay point d'Epous:
Toutefois il me tient comme vous prisonniere,
A peine, en ce Chasteau, puis-je voir la lumiere,
J'en connois les raisons, & je m'apperçois bien,
Qu'il ne me traitte ainsi, qu'afin d'avoir mon bien,
Et qu'il veut que je sois sans cesse à la Campagne,
Afin que vous ayez une triste Compagne,
Qui puisse vous veiller, & répondre de vous.
Il satisfait ainsi son naturel jalous,
Et me tenant toûjours avec vous enfermée,
Il empesche, par là, que je ne sois aimée,
Car comme en ce Logis aucun n'entre jamais,
Nul ne peut estre épris de mes foibles attraits:
Cependant chaque jour la jeunesse se passe,
Et le temps, tous les jours, de nos beautez efface.

LUCRECE.

Je ne puis condamner l'excez de vostre ennuy,
Et je dois, par mes maux, juger de ceux d'autruy,
Car enfin je ressens dans ma peine secrette.

SCENE II.

LUCRECE, CLARICE, LISETTE.

LISETTE.

AH quel maudit Logis!

CLARICE.

Mais qu'as-tu donc, Lisette!

LISETTE.

Ce que j'ay! Croyez-vous que je n'enrage pas,
De voir icy chacun si triste un Lundy gras?
Depuis qu'en ce Chasteau je me vois enfermée,
Je sens que je n'ay plus ma joye accoustumée,
Et je vous prie enfin, de vouloir m'accorder
Mon congé, que je viens exprés vous demander.

CLARICE.

Ta demande m'étonne, & n'est pas raisonnable.

LUCRECE.

Voudrois-tu me quitter dans l'ennuy qui m'accable?

LISETTE.

Vous viviez bien, helas! plus contente à Paris,
Et ce n'estoit chez vous que festins, jeux, & ris,
Quand ce Campagnard vint enjoler vostre Pere,
Et quand il vous promit ce qu'il ne vous tient guere,
Pour vous faire en partant étouffer vos soûpirs,
Il sceut de la Campagne étaler les plaisirs:
Les Nobles sont, chez eux, comme de petits Princes,
Vous dit-il, & l'on est heureux dans les Provinces;
On y voit mille Gens dont on est respecté,
On gouste les plaisirs de la société;

A ij

LE GENTILHOMME

Sans divertiſſement, aucun jour ne ſe paſſe,
On a la Promenade, & la Peſche & la Chaſſe;
On trouve, chaque jour, mille plaiſirs nouveaux;
On mange l'vn chez l'autre, on ſe fait des Cadeaux;
Du ſoir, juſqu'au matin, on tient tables ouvertes,
Qui d'excellent Gibier ſont ſans ceſſe couvertes;
On eſt, ſans de grands frais, dans les jeux & les ris;
Les Modes auſſi-toſt, y viennent de Paris;
Les plaiſirs qu'on y prend, ſont charmans & tranquiles,
Ils ne ſe ſentent point de l'embarras des Villes,
Et qui veut y joüer, y trouue dés Joüeurs.
Vous avez bien icy tout cela?

CLARICE.

Comme ailleurs,
Nous aurions ces plaiſirs, ſans l'humeur de mon Frere.

LUCRECE.

Elle eſt trop ridicule enſemble, & trop ſevere.

LISETTE.

Depuis ſon Mariage, il eſt toûjours penſif;
A tout ce qu'on vous dit, à toute heure attentif;
Il ouvre de grands yeux, & fait voir qu'en ſon ame
Il n'a jamais penſé qu'il fut d'honneſte Femme.

CLARICE.

Quoy qu'on ſouffre avec luy, je croy que tu diras,
Que tu n'as jamais mieux paſſé de Lundys Gras.
Mon Frere aura ce ſoir, à Souper, dix Perſonnes.

LISETTE.

Eh oüy, je le croiray.

CLARICE.

Quoy donc, tu t'en étonnes?

LUCRECE.

Vous le dites auſſi, pour vous moquer de nous.

LISETTE.

Le Soupé n'eſt pourtant preparé que pour vous,

CLARICE.

Ils viendront toutefois.

LISETTE.

S'ils n'ont que l'ordinaire,
Monsieur leur veut donc bien faire méchante chere.

CLARICE.

Pour vous tirer d'erreur, je veux vous avoüer
Un tour, dont toutes deux vous devez me loüer.
Le Sieur de Bois-le-Roux, qu'autrefois pour affaire
Vous avez veu souvent venir trouver mon Frere,
Pour mes foibles appas ayant pris de l'amour,
Par son merite, a sceu m'en donner à son tour.
Ce Cavalier n'a rien qui sente la Province,
Ayant esté long-temps à la Cour de son Prince.
Le trépas de son Pere, assez inopiné,
Pour recueillir ses biens, icy l'a ramené:
Mais comme il a vuidé d'affaire avec mon Frere,
Pour nous revoir tous deux, ne sçachant plus que faire,
Ayant trouvé Cephise au Temple l'autre jour,
Je ne pûs en sortant luy taire mon amour.
Comme elle a de l'esprit, & qu'enfin elle m'aime,
Elle sceut m'inspirer d'abord ce stratagéme,
Qui fut, que de la part de mon Frere, aujourd'huy,
Je prirois nos Voisins de souper avec luy,
Sans oublier celuy qui cause ma tendresse.
Je l'ay fait, & dans peu vous verrez la Noblesse
De dix Chasteaux voisins arriver en ce lieu.
J'ay fait encore plus ; car pour couvrir mon jeu,
Et faire qu'on n'en puisse éclaircir le mistere,
J'ay sceu faire éloigner, & mesme par mon Frere,
Celuy qui de sa part, les a conviez tous.

LISETTE.

Vous en sçavez, ma foy, Madame, plus que nous.

A iij

CLARICE.

Il n'en sçauroit coûter qu'un Repas à mon Frere.

LISETTE.

Vous avez bien, par là, fait une pire affaire.
Monsieur estant toûjours si bourru, si jaloux,
Helas! mon Dieu, Madame, où nous fourrerons-nous,
Quand ces Gens-là viendront tantost baiser sa Femme;
Car la civilité veut qu'ils baisent Madame,
Alors qu'ils la verront pour la premiere fois,
S'en deut-il de dépit cent fois mordre les doigts.
Quand j'y songe pourtant, j'en suis déja ravie,
Car jamais à baiser, un Campagnard n'oublie;
Contre la bienseance, il croiroit trop pecher;
Le plus hardy Jaloux ne sçauroit l'empescher,
Et quoy que toûjours fou, se croiroit lors peu sage,
Blâmant ce qu'authorise un aussi long usage:
Mais quand ils baiseront tantost, figurez-vous
Ce que doit en son cœur ressentir le Jaloux,
Qui verra, devant luy, qu'on baisera sa Femme.

CLARICE.

Il vient.

LISETTE.

Je sis déja par avance en mon ame.

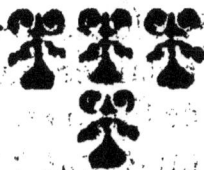

SCENE III.

LUCRECE, CLARICE, LE VICOMTE, LISETTE.

LE VICOMTE à *Lucrece*.

TE verray-je toûjours avec cette langueur?
Et ne puis-je sçavoir ce qui te tient au cœur?
La, tâche à rire un peu, bannis cette tristesse,
Et du moins, ces jours gras, montre quelque allegresse.

LUCRECE.

Les Divertissemens nous marquent les jours gras,
Et n'en ayant jamais, je ne les connoy pas.

CLARICE.

Mais, mon Frere, il est vray qu'elle est trop solitaire.
Mais, ma Sœur, s'il eû vous plaist, aprenez à vous taire

LISETTE *à part.*

Nous rirons bien tantost, lors que les Campagnars,
Pour souper avec luy, viendront de toutes parts.

LE VICOMTE à *Lucrece*.

Te verray-je toûjours tant de chagrin dans l'ame?
Le plaisir d'un Epoux devant estre en sa Femme,
Et celuy de la Femme en son Epoux aussy,
J'ay crû ne devoir pas te laisser seule icy,
Quoyqu'ô m'ait, pour ce soir, avec beaucoup d'instâce
Prié plus de dix fois d'un Repas d'importance.

LUCRECE

Mais, de ce grand Repas, nous estions priez tous,

LISETTE.

J'estois priée aussi d'aller avecque vous.

A iiij

LE GENTILHOMME

LE VICOMTE.

Comme pour toy mon cœur a beaucoup de tendresse,
Je veux avoir bien soin de toy dans ta Grossesse.

LISETTE.

Quoy, ma Maistresse est grosse? Il n'en est, ma foy rien,
Je croy, s'il estoit vray, que je le sçaurois bien.

LUCRECE.

Non, je ne la suis pas.

CLARICE.

Elle dit vray, mon Frere.

LE VICOMTE.

Mais que sçait-on enfin?

LISETTE.

On le sçait d'ordinaire.

LE VICOMTE.

Nous rirons entre nous ; va, ma Femme, croy-moy,
Le plaisir est bien doux, d'estre en repos chez soy.
Le Berger doit ce soir apporter sa Musette,
Et pour te divertir, danser avec Lisette ;
Ne te chagrine point, tu te réjoüiras,
Bien que nous soyons seuls le reste des jours gras.

LISETTE.

Oüy-da.

LE VICOMTE.

Nous gousterons un plaisir bien tranquile.

SCENE IV.

LE VICOMTE, LUCRÉCE, CLARICE, LISETTE, COLAS.

COLAS *au Vicomte.*

ON vous demande, & c'est Monsieur de Cornanville.

LE VICOMTE.

Je ne suis pas Icy, tu le devois sçavoir.

COLAS.

Il vient.

LISETTE.

Comme il est fait!

LE VICOMTE.

Je suis au desespoir.

SCENE V.

LE VICOMTE, LUCRECE, CLARICE, LISETTE, M. DE CORNANVILLE.

M. DE CORNANVILLE.

au Vicomte. appercevant Lucrece.

Monsieur..... Mais que d'apas! ô Dieu, la belle Femme!

Ah permettez, Monsieur, que j'embrasse Madame.

LE VICOMTE.

Il appuye un peu fort.

LISETTE.

Je plains peu le Jaloux.

LE VICOMTE à part.

Il n'est que pour baiser, je croy, venu chez nous;
à *M. de Cornanville.*
Les Femmes de Paris craignent d'estre baisées,
Et pourcette vertu sont deffus tout prisées.

M. DE CORNANVILLE.

Pour la premiere fois, je sçay ce que je doy,
Et vous auriez sujet de vous plaindre de moy.

LE VICOMTE.

Point.

M. DE CORNANVILLE *se retournant, & baisant Clarice.*

Mais...

LE VICOMTE.

Il s'accommode icy tout à son aise.

LISETTE *comme il va à elle pour la baiser.*

Je ne suis pas, Monsieur, de celles que l'on baise.

M. DE CORNANVILLE.

Ah Madame!

LISETTE.

Ma foy je suis d'un rang plus bas:
Point, il m'a fait baiser aussi ses cheveux gras.

LE VICOMTE à part.

Puis que pour la Servante il a de la tendresse,
Il s'accommoderoit aussi de la Maistresse.

LUCRECE *à M. de Cornanville.*

Vous estes trop civil.

LE VICOMTE à Lucrece.

Vous voulez tout pour vous.

LISETTE.

Ah, quel plaisir de voir rechigner un Jaloux!

M. DE CORNANVILLE.

J'ay quitté mes Amis, pour venir voir Madame.

LE VICOMTE.

Hé Monsieur.

LUCRECE *à M. de Cornanville.*

Tout de bon.

LE VICOMTE *la regardant en colere.*

Ah!

M. DE CORNANVILLE.

Oüy, deſſus mon ame,
Je penſe que de loin, je viens de voir auſſy
Monſieur de Bois-Doüillet qui tire droit icy.

LE VICOMTE.

Comment, icy?

M. DE CORNANVILLE.

Du moins il en tenoit la route.

LE VICOMTE *regardant ſa Sœur.*

Ah j'enrage.

M. DE CORNANVILLE *à part.*

Je ſuis prié tout ſeul, ſans doute.
Je croy que vous paſſez voſtre temps ſans ennuis,
Car on ſe divertit fort bien en ce Pays:
Il le faut avoüer, on gouſte icy la vie
D'une maniere douce, & qui doit faire envie.
S'il arrive qu'on ſoit d'un Amy viſité,
Quand par hazard on eſt de quelque autre coſté,
La Femme le reçoit, comme le Mary meſme.

LE VICOMTE.

Ce ſeroit, pour ma Femme, une fatigue extréme;
Elle hait l'embarras.

LUCRECE.

Hé mon Dieu, je ferois,
En cette occasion, tout ce que je pourois.

LE VICOMTE.

Tant pis pour moy.

LISETTE.

Madame est fort accommodante.

LE VICOMTE.

Plus que je ne voudrois.

M. DE CORNANVILLE.

Mais au Trente & Quarante
Si vous sçaviez joüer, je viendrois quelquefois....

LE VICOMTE.

Le jeu ne luy plaist plus, depuis huit, ou neuf mois.

CLARICE.

Elle ne peut joüer, estant sans compagnie.

LE VICOMTE.

Je sçay ce que je dis, taisez-vous je vous prie.
N'auriez-vous pas besoin de manger?

M. DE CORNANVILLE.

C'est bien dit,
Car le chemin m'a fait gagner de l'appétit.

LE VICOMTE.

Allez donc, je vous suy.

M. DE CORNANVILLE *à Lucrece*.

N'en soyez pas surprise,
Madame, la Campagne est un lieu de franchise,
Et chez ses bons Amis on vit comme chez soy.
Que ne le suivez-vous?

LE VICOMTE.

Pourquoy vient-il chez moy,
Sçachant bien qu'à present je ne voy plus personne?
Un procedé si libre, & me fâche, & m'étonne.

SCENE VI.

M. DE BOIS-DOUILLET, & SON FILS, LUCRECE, CLARICE, LE VICOMTE, LISETTE.

BOIS-DOUILLET.

IE suis, sans dire mot, entré jusques icy.
Vous voyez avec moy, Monsieur, mon Fils aussy.

LE VICOMTE *courant l'embrasser de peur qu'il n'aille à sa Femme.*

Ah Monsieur!

BOIS-DOUILLET.

C'est assez, permettez-moy de grace...

LE VICOMTE.

Ah souffrez, s'il vous plaist, qu'encor je vous embrasse

LISETTE.

Ils sont fort bons.

CLARICE.

Mon Frere est bien inquieté.

BOIS-DOUILLET *au Vicomte.*

Vous me faites commettre une incivilité;
Je sçay bien que je dois saluër vostre Femme,
Il court à elle.   *Il la baise.*
C'est la premiere fois que je la vois. Madame,
Je suis ravy du bien qu'aujourd'huy je reçoy.

LE VICOMTE *à part.*

S'il en est satisfait, je ne le suis pas, moy.

LUCRECE *à M. de Bois-Douillet.*
C'est moy qui le reçois.

BOIS-DOUILLET *faisant signe à son Fils.*
    Ste. Aprochez, vous dis-je,
Et saluëz Madame. Aprochez donc.

LE VICOMTE.
       Où suis-je!

BOIS-DOUILLET.
La, saluëz-la donc, faites luy compliment.

CLARICE *voyant l'action du Fils.*
Est-il un plus grand Sot!

LISETTE.
     Quel divertissement!

LE FILS *faisant des reverences à Lucrece.*
Madame.

BOIS-DOUILLET *le poussant par derriere.*
    Il est honteux ; la, baisez donc Madame;
C'est toûjours en baisant, qu'on saluë une Femme.

LE VICOMTE.
Quand il n'en feroit rien, ce n'est pas m'offencer.

BOIS-DOUILLET.
Vos charmes l'ont surpris, je vay recommencer,
Afin de luy montrer, par là, comme il faut faire.

LUCRECE.
Oh!

LE VICOMTE.
Arrestez, Monsieur, il n'est pas necessaire.

CLARICE.
On le doit excuser, car toûjours les Enfans
Sont honteux, quand ils sont avecque leurs Parens.

LE VICOMTE.
Il fait bien ce qu'il fait, apprenez à vous taire.

BOIS-DOUILLET.
Le Fils, à ce qu'on dit, ne vaudra pas son Pere.

LUCRECE.

Vous estiez bien galant, je crois, en vostre temps.

BOIS-DOUILLET.

Ah galant! Teste-bleu, je l'estois dés dix ans.

LE VICOMTE.

Je croy que vous ferez, Messieurs, méchante chere.

BOIS-DOUILLET.

Alors qu'on voit, Madame, on ne la sçauroit faire.

SCENE VII.

BOIS-DOUILLET, LE VICOMTE, LUCRECE, CLARICE, LISETTE, COLAS.

COLAS.

Monsieur il faut percer du Vin pour ce Monsieur.

LE VICOMTE.

Hé bien, que l'on en perce, & mesme du meilleur.

COLAS.

Mais....

LE VICOMTE.

Quoy mais?...

COLAS.

Il faudroit que vous y inssiez vous-mesme.

LE VICOMTE *à part.*

Quitteray-je ma Femme? ah ma peine est extréme.
Va-t-en.

COLAS.

Mais...

LE VICOMTE.

Va, te dis-je, & ne raisonnes pas.

BOIS-DOUILLET

Je m'en vay le percer, va, mon pauvre Colas.
J'entens mieux ce meſtier qu'aucun qui ſoit en France,
Et ſi vous le voulez voir par experience,
Je vay en un moment percer tout voſtre Vin.

LE VICOMTE.

C'eſt trop.

BOIS-DOUILLET.

Il vous en faut, car il eſt tres-certain
Que les chemins ſont pleins de beaucoup de Nobleſſe,
Qui vient ſouper ceans avec grande allegreſſe.

LE VICOMTE.

Comment, ſouper ceans? Diable! que dites-vous?

LISETTE *à part.*

Nous allons comme il faut voir peſter le Jaloux.

BOIS-DOUILLET *à ſon Fils.*

Nous eſtions priez ſeuls, & ſa peine le montre.

LE VICOMTE *à part.*

Qui Diable fait qu'icy tout ce train ſe rencontre?

BOIS-DOUILLET.

Je m'en vay vous percer du Vin pour ces Meſſieurs.
à ſon Fils.
Quoy tu me ſuis, grand Sot, icy tout comme ailleurs:
Aprens qu'un Garçon doit reſter avec les Femmes,
Et pour ſe façonner, entretenir les Dames.
Tu n'es point de mon ſang, & je vois entre nous
Trop...

LE VICOMTE.

Monſieur, il fait bien d'aller avecque vous :
Oüy, mon Fils, c'eſt bien fait, de ſuivre voſtre Pere.

LISETTE.

Suivez voſtre Papa.

SCENE

SCENE VIII.

LE VICOMTE, LUCRECE, CLARICE, LISETTE.

LE VICOMTE.

CEcy ne me plaist guere:
Comment, un Regiment de Gens dans ma Maison?

CLARICE.

Si vous ne teniez point vostre Femme en prison,
Vous n'auriez pas chez vous aujourd'huy cette feste.
Le bruit court qu'on vous veut donner mattel en teste;
Et ces Messieurs pouroient, vous croyant fort jaloux,
S'estre donnez le mot, pour fondre ainsi chez vous.
Mon Frere, pardonnez au zele qui m'emporte,
Vostre interest m'oblige à parler de la sorte.

LE VICOMTE.

Ah j'empescheray bien qu'aucun d'eux n'entre icy.

CLARICE.

Vous pourrez tout gaster, en agissant ainsy;
Et vous devez, bien loin de paroistre en colere,
Pour les faire enrager, faire tout le contraire.
Ne leur demandez point qui les a priez tous,
Mais paroissez content de les avoir chez vous;
Ils seront bien surpris, & tout couvert de honte,
Ils en feront sans doute une retraite promte;
Car leur dessein ne va qu'à vous faire dépit,
Et qu'à voir s'il est vray, ce que de vous on dit.

B

LE VICOMTE.

Vous en sçavez beaucoup.

LISETTE.

Ma foy sa politique,

Monsieur...

LUCRECE.

Moy, je suivrois ses conseils sans replique.

LE VICOMTE.

Hé bien soit; mais s'il vient quelqu'un pour vous baiser,
Daignez adroitement du moins le refuser.
Je vous diray pourtant d'estre alors plus civile;
Mais loin de m'obeïr, soyez plus difficile;
Et si vous ne pouvez enfin tenir contre eux,
Tendez leur seulement l'oreille, ou les cheveux;
L'ardeur des Campagnards à baiser sans pareille,
Se contente souvent d'avoir touché l'oreille.

***

SCENE IX.

LE VICOMTE, LUCRECE, CLARICE, LISETTE, COLAS.

COLAS.

MEssieurs de Chante-Pie, & de Cochon-Vilain,
Sont là-bas.

LE VICOMTE.

Quoy, les deux que je craignois enfin,
Qui ne parlent jamais que d'amour & de flames,
Qui cajolent sans cesse, & tourmentent les Femmes,
Qu'on estime par tout d'impertinens Jaseurs,
Et de tout le Païs sont les plus grands Baiseurs?

Je suis perdu.

LUCRECE.

Le Fou!

LISETTE, *à part.*

Sa peine est sans pareille.

LE VICOMTE, *à Lucrece.*

Souvenez-vous au moins de leur donner l'oreille;
Ou bien fuyez plutost. Je vay les arrester.

***

SCENE X.

LUCRECE, LE VICOMTE, CLARICE,
LISETTE, Mrs DE CHANTE-PIE,
ET DE COCHON-VILAIN.

**LE VICOMTE *les allant embrasser tous deux
à la fois.***

AH, Messieurs, aujourd'huy je veux vous protester,
Que pour vous...

CHANTE-PIE.

Quoy, tous deux nous embrasser ensemble?

COCHON-VILAIN.

Quoy, Madame nous fuit?

LISETTE.

Il en tient.

LE VICOMTE *à part.*

Ah je tremble.

CHANTE-PIE.

Quand nous sommes venus, nous esperions joüir
Du bonheur de la voir.

LUCRECE.

Je ne sçaurois plus fuïr.

COCHON-VILAIN.

Mais laissez-nous aller saluër vostre Femme.

LE VICOMTE *les serrant.*

Je vous aime tous deux, & de toute mon ame.

CHANTE-PIE.

En entrant dans ces lieux, je sçais ce que je dois.

LE VICOMTE.

Pour elle, j'aime mieux vous embrasser dix fois.

CHANTE-PIE *s'échapant.*

Monsieur....

CLARICE *à part.*

Selon mes vœux, la chose enfin se passe.

CHANTE-PIE *à Lucrece qui se defend*
sans parler.

Pour la premiere fois, permettez-moy de grace...

COCHON-VILAIN *embrassant à*
son tour le Vicomte, & l'arrestant quand
il veut voir si l'autre baise sa Femme.

En vous embrassant seul, je veux vous faire voir...

LE VICOMTE.

Ce que je voy suffit pour me faire sçavoir...

COCHON-VILAIN.

Tout le monde sçait bien que je suis fort sincere.

à part **LE VICOMTE.**

Oüy. Mais je ne voy pas ce qu'on fait la-derriere;

à Cochon-Vilain qui l'embrasse toûjours.

C'est assez.

COCHON-VILAIN *allant à Lucrece.*

Je vous laisse, & sçais bien que je dois...

LE VICOMTE.

Embrassez moy plutost encore une, ou deux fois.

Ha, bon. *Voyant sa Femme se defendre d'estre*
baisée des deux.

CHANTE-PIE à *Lucrece*.

Voſtre rigueur eſt pour nous ſans pareille;
Cochon-Vilain la baiſe comme elle veut éviter
Chante-Pie.

COCHON-VILAIN *la baiſant.*

Ah!

LISETTE *à part.*

Celuy-là, ma foy, n'a pas baiſé l'oreille.

LE VICOMTE.

Meſſieurs, l'un apres l'autre, au moins allez plus doux:
Dois-je fermer les yeux, ou me mettre en courroux?
Mais vous n'avez tous deux ſalüé que ma Femme;
Ma Sœur en doit avoir quelque dépit dans l'ame.

CLARICE.

Moy?

CHANTE-PIE.

Nous n'oſions baiſer une Fille chez vous,
Aptes vous avoir veu preſque entrer en couroux,
De voir baiſer, Madame, avecque bienſeance;
Car nous craignôs tous deux de vous faire une offence,
Si la premiere fois que....

Il regarde Lucrece avec des yeux doux, & luy
fait une reverence comme pour l'aprocher.

LE VICOMTE.

C'eſt aſſez, Monſieur,
Je vous l'euſſe à tous deux pardonné de bon cœur.

COCHON-VILAIN *à Clarice.*

Puis qu'enfin nous pouvons vous ſalüer ſans crainte,
Il ne faut vous laiſſer aucun ſujet de plainte.

Il va la baiſer, & cependant le Vicomte prend
la place qu'il avoit pres de Lucrece.

CLARICE *à part.*

Ah qu'il ſent le fumier!

LE GENTILHOMME

CHANTE-PIE *allant la baiser à son tour.*
Il va la baiser, & Puis qu'il nous eſt permis....
cependant Cochon-Vilain prend ſa place, la
ſienne eſtant priſe par le Vicomte.

CLARICE *ſe laiſſant baiſer.*
Hé quoy, doit-on baiſer toûjours tous ſes Amis?
LISETTE
Le beau jeu! Je plaignois ma vie infortunée;
Mais je ris aujourd'huy, pour toute mon année.

SCENE XI.

LE VICOMTE, LUCRECE, CLARICE, COCHON-VILAIN, CHANTE-PIE, LISETTE, NICODEME.

NICODEME.
Monſieur.

LE VICOMTE.
Que me veux-tu?

NICODEME.
Hais venez, s'il vous plaiſt.

LE VICOMTE.
Eſt-ce encor quelqu'un?

NICODEME.
Non.

LE VICOMTE.
Dis donc ce que c'eſt

NICODEME.
Mais venez.

LUCRECE *au Vicomte.*
Allez voir ce que ce pourroit estre.

LE VICOMTE.
Vous montrant mes talons, je vous plairois peut-estre,
Mais, parle.

NICODEME.
Que faut-il que je parle Monsieur?

LE VICOMTE.
N'as tu point retenu ce qu'on t'a dit par cœur?

NICODEME.
Dame, on dit qu'ous veniez,

LE VICOMTE.
Ah ma peine est extréme!

IX. LISETTE.
Explique-toy donc mieux, mon pauvre Nicodeme.

NICODEME.
Colin Poivret, qui fait la Cuisine là-bas,
Dit qu'il larra tout là, si vous ne venez pas.
Venez donc luy presser la main.

LE VICOMTE.
Hé quoy donc, Traistre.

CHANTE-PIE court mettre le hola, &
prend la place du Vicomte prés de Lucrece.
Hé Monsieur.

LE VICOMTE.
Quoy, parler de la sorte à son Maistre?

Comme il trouve en se retournant Chante-Pie en
sa place, ils se regardent tous deux
sans se rien dire.

CHANTE-PIE *regardant Lucrece.*
Je croy qu'on ne voit rien de plus beau dans la Cour.

COCHON-VILAIN *la regardant aussi.*
Qu'un si charmant objet peut inspirer d'amour!

CHANTE-PIE *au Vicomte.*

Que vous avez, Monsieur, une adorable Femme!

COCHON-VILAIN.

Rien ne peut échaper aux attraits de Madame.

CHANTE-PIE.

On ſçait que ſur les cœurs ils ſont les tout-puiſſans.

COCHON-VILAIN.

Qu'elle a les cheveux beaux!

CHANTE-PIE.

Qu'elle a les yeux perçans?

COCHON-VILAIN.

Le beau front!

CHANTE-PIE.

Le beau teint!

COCHON-VILAIN.

Le beau nez!

CHANTE-PIE.

Que ſa bouche

Fait voir, quand elle rit, une douceur qui touche!

COCHON-VILAIN.

On ne peut admirer aſſez ſes belles dents.

CHANTE-PIE.

On a bien du plaiſir lors qu'elle mord les Gens.

COCHON-VILAIN.

Les belles lèvres! ah!

CHANTE-PIE.

Diroit-on pas de roſes,

Du plus bel incarnat, & fraiſchement écloſes?

COCHON-VILAIN.

Je ne puis me laſſer d'admirer ce beau cou.

CLARICE *à Liſette.*

Ils le pouſſent à bout.

LISETTE *à Clarice*

Cela le rendra fou.

GUESPIN.

CHANTE-PIE.

On ne sçauroit trouver une plus belle oreille.

COCHON-VILAIN.

Elle est belle, bien faite, & petite, & vermeille,

CHANTE-PIE.

La belle gorge, ô Ciel!

COCHON-VILAIN.

Les admirables mains!

CHANTE-PIE.

Sa taille seule peut charmer tous les Humains,

COCHON-VILAIN.

Les beaux pieds! Teste-bleu.

CHANTE-PIE.

Le reste, que je pense,

LISETTE *à part.*

Il fait bien, là-dessus, de garder le silence.

COCHON-VILAIN.

Chacun doit demeurer d'accord qu'elle a bon air,

LE VICOMTE *à part.*

Jusqu'icy je me suis empesché de parler,
De peur d'en dire trop.

CHANTE-PIE.

Il faut mener Madame,
Voir la belle Maison du Baron de Vigame.

LE VICOMTE.

Mais...

COCHON-VILAIN.

Il la faut mener encor voir dix Chasteaux,
Qui ne luy cedent pas, & qu'on croit aussi beaux,

LE VICOMTE.

Si...

CHANTE-PIE.

Je la veux mener chez Monsieur de Chant-Oyé.

C

LE VICOMTE.

Quoy...

COCHON-VILAIN.
Nous irons aussi chez Monsieur de Cour-Joye,

LE VICOMTE.

Ah!

CHANTE-PIE.

Messieurs de Lampont, & de Crocan-Villiers,
Sur nostre seul recit, viendront tous des premiers.

LE VICOMTE.

Ils...

COCHON-VILAIN.
De tout le Païs elle doit estre aimée,

LE VICOMTE.

Je ne...

CHANTE-PIE.
Nostre jeunesse en sera bien charmée,

LE VICOMTE.

Croyez...

COCHON-VILAIN.
Tout le Païs fondra bientost chez vous,
Apprenant que Madame a des charmes si doux.
Icy ils parlent bas à Lucrece & Clarice, &
Lisette les regarde avec étonnement.

LE VICOMTE.
Je ne parleray plus, que chacun ne se taise;
Je leur pourray parler alors plus à mon aise;
Jusques dans le gosier ils me coupent les mots,
Et leur langue maudite, est sans aucun repos.

CLARICE.
Ils ont, sans l'épargner, poussé sa jalousie.

CHANTE-PIE *s'éloignant un peu.*
Un mot ou deux, Monsieur. Il faut que je vous die....

GUESPIN.

Mais je croy que je dois paſſer de ce coſté,
Car avecque raiſon je crains d'eſtre écouté.

COCHON-VILAIN *à Lucrece.*

Allons dans le Jardin, car ils ont, que je penſe,
A ſe parler tous deux, d'affaires d'importance.

LUCRECE.

Allons. Mais ſuy-moy donc, & demeure avec nous.

CLARICE *à part.*

Qui peut faire tarder Monſieur de Bois-le-Roux?

SCENE XII.

LE VICOMTE, CHANTE-PIE CLARICE.

CHANTE-PIE *à demy haut.*

Oüy, ſur le bruit que d'elle a fait la Renommée,
Sans l'avoir jamais veuë, il l'a d'abord aimée.

LE VICOMTE.

Il adore ma Femme!

CHANTE-PIE *le tirant comme pour luy parler encore.*

Et de plus....

LE VICOMTE.

Ah, je croy,
Que je la doy toûjours tenir auprés de moy.

Il la cherche de la main ſans tourner la teſte.

CHANTE-PIE.

Vous ferez bien.

LE VICOMTE *la cherchant toûjours.*

Donnez donc voſtre main, Madame!

C ij

LE GENTILHOMME

Se retournant.

Mais je ne trouve rien. Où peut estre ma Femme?

CLARICE.

Ils sont dans le Jardin.

LE VICOMTE.

Que je suis malheureux!

CLARICE.

Ne vous emportez pas, Lisette est avec eux.

LE VICOMTE.

On doit peu se fier à telle Sentinelle.

Pardon, Monsieur, je vay courir viste apres elle.

SCENE XIII.

CHANTE-PIE, CLARICE.

CHANTE-PIE.

Comme tout le Païs a sceu qu'il est jaloux,
Nous avions fait dessein d'en bien rire entre nous:
Et puis vous l'avoüer, car de l'air qu'il vous traite,
Vous n'avez pas sujet d'en estre satisfaite.

CLARICE.

Non ; mais pour m'obliger, quittons-nous, car je croy
Qu'il pourroit devenir aussi jaloux de moy.

CHANTE-PIE.

Je suis toûjours soûmis, quand le Sexe commande.

SCENE XIV.

CLARICE seule.

MOn Amant ne vient point. O Dieu, que j'apre-
      hende!
S'il manquoit à venir, j'aurois beaucoup d'ennuy,
Car cette Feste-cy ne se fait que pour luy.
Mais il vient à propos.

SCENE XV.

CLARICE, M. DE BOIS-LE-ROUX.

CLARICE.

C'Est trop vous faire attendre.
BOIS-LE-ROUX.
Madame, j'ay beaucoup de graces à vous rendre,
Et vostre esprit se fait connoistre par le tour...
CLARICE.
Que n'entreprend-on point, quand on a de l'amour?
BOIS-LE-ROUX.
Mon cœur...

CLARICE.
Ah ne songeons du tout qu'à nostre affaire,
Mon Frere est si jaloux, si bourru, si severe,

C. iij

Que je croy ne pouvoir vous parler qu'aujourd'huy.

BOIS-LE-ROUX.

Je me sçauray si bien ménager devant luy...

CLARICE.

Le voicy.

LE VICOMTE.

DE leurs mains j'ay sceu tirer ma Femme:
Mais Dieu, que celuy-cy met de trouble en mon ame!
C'est un Galand blondin, un Poupin, un Poudré
Qui connoissant la Cour, doit estre bien madré.

Il le saluë & se retourne vers sa Femme, pour
luy faire signe de se souvenir de l'oreille.

BOIS-LE-ROUX.

Quoy, Monsieur, c'est donc là Madame vostre Femme?

Il ne répond que de la teste, & se met quasi au
devant d'elle, de peur qu'il ne la baise.

Mais quoy, tout de bon?

LE VICOMTE.

Hay.

BOIS-LE-ROUX.

Je suis ravy, Madame,
Que Monsieur le Vicomte ait si bien mis son cœur;

Serrant la main au Vicomte.

Il sçait bien que je suis toûjours son Serviteur,

Et ne doit point douter que mon cœur ne partage
Le plaisir qu'il ressent d'un si grand avantage.

LE VICOMTE *à part.*

L'honneste Homme! on ne peut jamais trop le priser,
Voir une belle Femme, & ne la point baiser!
Je ne m'en puis tenir, il faut que je l'embrasse.
Vous me ferez, Monsieur, une sensible grace,

L'embrassant.

De croire que....

SCENE XVII.

LE VICOMTE, LUCRECE, CLARICE, BOIS-LE-ROUX, NICODEME, LISETTE.

NICODEME *à Bois-le-Roux.*

Monsieur on voudroit vous parler.

BOIS-LE-ROUX.

Vous me permettrez bien...

LE VICOMTE.

Vous y pouvez aller,

Ou bien faire venir...

SCENE XVIII.

LE VICOMTE, LUCRECE, CLARICE, LISETTE.

LE VICOMTE.

ENcore qu'il me plaife,
Je voudrois bien un peu, te parler à mon aife,
Et que pour unquart-d'heure on le pût amufer:
Tu pourrois au Jardin avecque luy caufer.

CLARICE.

Moy?

LE VICOMTE.

L'affaire fera, fi tu veux, bientoft faite:
Pour trouver des raifons, tu n'es pas mal adraite.

CLARICE à part.

Tout fuccede à mes vœux. *haut.* Mais...

LE VICOMTE.

Mais oblige-moy,
Et tâche à faire, enfin, ce foible effort fur toy.

CLARICE.

* *Regardant Lucrece & Lifette d'un regard*
malicieux & content.
Vrayment, il fera grand. * Cela ne me plaift guere:
Mais pour vous obliger, que ne voudrois-je faire?

LE VICOMTE.

Tu m'oblige toûjours, je n'en fuis pas furpris.

LISETTE.

C'eft là donner aux Loups à garder les Brebis.

SCENE XIX.

LE VICOMTE, LUCRECE, CLARICE,
LISETTE, BOIS-LE-ROUX.

BOIS-LE-ROUX.

Monsieur de Bois-Doüillet est celuyqu'on demáde,
Comme nos Noms n'ont pas de difference gráde,
Et qu'on sçait qu'il devoit souper avecque nous,
Au lieu de Bois-Doüillet, on a dit Bois-le-Roux:
Mais...

CLARICE.

A propos de Bois, le nostre est admirable,
Il est plus haut que moy...

BOIS-LE-ROUX.

Cela n'est pas croyable,
Le Bois ne peut icy croistre si promptement.

LE VICOMTE *riant.*

L'équivoque est gentille, & dite galamment.

CLARICE *à Bois-le-Roux, qui paroist*
surpris de sa proposition.

Allons-y.

LE VICOMTE.

Nous suivrons.

BOIS-LE-ROUX.

Que rien ne vous oblige
A vous gesner pour moy.

LE VICOMTE.

Nous vous suivrons, vous dis-je

BOIS-LE-ROUX.

Je ne veux point du tout vous causer d'embarras;
Et vous m'obligerez de ne vous presser pas.

LISETTE.

On ne sçauroit trouver un Homme plus sincere.

***

SCENE XX.

LE VICOMTE, LUCRECE, LISETTE.

LE VICOMTE *entre tout à coup dans un grand chagrin, & dit apres.*

J'Estois presque dupé.

LUCRECE.

Qui vous met en colere?

LE VICOMTE.

J'allois donner dedans.

LUCRECE.

Mais, Monsieur, qu'avez-vous?

LE VICOMTE.

J'avois l'esprit bouché

LUCRECE.

D'où vient donc ce couroux?

LE VICOMTE.

C'est assez.

LUCRECE *à Lisette.*

De ma Sœur, il a connu la flâme.

LE VICOMTE.

Nous verrons.

LUCRECE.

Ils n'ont point merité tant de blâme;

LE VICOMTE.
Teſte-bleu!

LUCRECE.
Vous devez excuſer voſtre Sœur.
LE VICOMTE.
Il l'entend.

LUCRECE.
Vous aviez auſſi trop de rigueur.
LE VICOMTE.
A deſſein, moy preſent, il vous a mépriſée,
Et d'abord en entrant ne vous a point baiſée!
Cependant il devoit vous baiſer, que je crois,
Venant vous voir chez vous pour la premiere fois:
Mais de ce fin Galant, c'eſt ſans doute une adreſſe,
Pour ne pas faire voir devant moy ſa tendreſſe.

LUCRECE.
Qu'on me baiſe, Monſieur, ou ne me baiſe pas,
On vous cauſe toûjours un pareil embarras:
Mais avec un Jaloux on ne ſçait comment faire,
Et meſme ce qu'il veut ne le peut ſatisfaire.

LE VICOMTE.
Je croy n'avoir pas tort de vous parler ainſi,
C'eſt un Amant poudré, doucereux, & tranſi,
Et les Femmes, morbleu, dans le Siecle où nous ſômes,
Aiment ces Blondins-là, qui... qui ne ſont pas Hômes.
Côme il n'en veut qu'à vous, je croy que de bon cœur
Il enrage à preſent de n'avoir que ma Sœur.

LISETTE.
C'eſt juſtement cela.
LE VICOMTE.
Je croy bien qu'en ton ame,
Quoy qu'il brûle pour toy, tu condamnes ſa flame,
Et comme je connois qu'ils te déplaiſent tous,
Il te faut éviter de ſouper avec nous;

Et tu dois, pour cela, pendant la promenade,
Revenir tout d'un coup, feignant d'estre malade,
Et t'aller mettre au lit tout aussi-tost.

LISETTE.

Helas!
S'aller coucher de jour, un propre Lundy gras!

LE VICOMTE.

J'entens que tu viendras luy tenir compagnie.

LUCRECE.

Je demeure immobile, & vostre joloufie
Me paroist aujourd'huy ridicule à tel point...

LE VICOMTE.

Tu prens tout de travers, car je n'en ressens point.
Hé bien, Mignonne, enfin n'es-tu pas resoluë?...

LUCRECE.

Vous vous moquez de moy.

LE VICOMTE.

De puissance absoluë,
Je le veux.

LUCRECE.

Mais...

LE VICOMTE.

Mais, quoy? je suis le Maistre enfin,

LUCRECE à part.

Maistre des Foux fieffez.

LE VICOMTE.

Vous avez du chagrin,
Quelqu'autre Campagnard pourroit encor vous plaire;
Vous ne leur montrez pas un visage severe,
Vous en aimez icy de rougeaux, & de frais,
Qui paroissent émeus, en voyant vos attraits.

LUCRECE.

Il est vray qu'en mon cœur tant de belles figures
Ont fait, tout à la fois, de profondes blessures.

GUESPIN.

Qui pourroit s'en defendre ? ils sont si ragoutans,
Qu'on ne sçauroit contre eux resister bien long-temps,
Comme leur bonne mine est rare & sans pareille.....

LE VICOMTE.
Vous n'avez pas à tous fait baiser vostre oreille,
Mais je veux que l'on fasse, enfin, ce que j'ay dit.

LUCRECE.
Je vay me retirer, mais sans me mettre au lit,
Et me vanger, par là, de vostre jalousie
Qui fournira dequoy faire une Comedie.
Lisette, allons, suy-moy.

LISETTE.
Quoy, c'est donc tout de bon ?

LE VICOMTE seul.
Se rira qui voudra de ma précaution.

SCENE XXI.
LE VICOMTE, NICODEME.

LE VICOMTE.
Que veux-tu?

NICODEME.
Je ne sçay, pourtant je vous apporte
Une Lettre, Monsieur, qu'on dit qui vous importe.

LE VICOMTE lit.

A MONSIEUR LE VICOMTE
DE LA SABLONNIERE.

Je croy que nostre amitié m'oblige à vous avertir
que Cephise a dit à ma Fille en grande confidence,

que l'*Amour* assembleroit aujourd'huy chez vous bien
des *Gens* que vous n'attendiez pas, & que vous seriez
dupé d'une maniere qui feroit rire toute la Province.
Vous connoistrez avant la fin du jour, si elle a dit
vray, par l'assemblée que vous aurez. C'est tout ce
qu'a pû sçavoir celuy qui fera profession d'estre tou-
jours vostre Amy,

DE CORNANDONNE.

LE VICOMTE *apres avoir témoigné du dépit.*
Va-t-en dire à celuy qui t'a donné ce mot,
Que je feray réponse à son Maistre au plutost.

SCENE XXII.
LE VICOMTE, LISETTE.

LE VICOMTE *sans la voir.*
AH dans un tel malheur, que resoudre, & que faire!
LISETTE *au bout du Theatre.*
Je connois à ses yeux qu'il est bien en colere,
Il a son humeur noire, & ses chagrins jaloux,
Et tantost, comme il faut, pestera contre tous.
LE VICOMTE.
Je suis au desespoir, la fureur me transporte.
LISETTE.
Tout tremble devant luy, quand il est de la sorte.
LE VICOMTE.
Je ne sçay qui me tient....

LISETTE.

Voyez-vous le Jalous,
Eſt-il pas bien aimable? Hé bien, mariez-vous;

LE VICOMTE.

Morbleu!

LISETTE.

Tous les Jaloux s'empeſcheroient de l'eſtre,
Si dans cette humeur noire ils ſe pouvoient conneſtre.

LE VICOMTE *faiſant quelques pas.*

Ciel!

LISETTE.

La Chanſon dit vray, *Que le plaiſir eſt doux*
De faire un Cocu d'vn Ialoux.

haut.
Ah.

Le Vicomte ayant eſté deçà delà, ſe retourne
bruſquement & ſe trouve contre Liſette,
qui s'enfuit de l'autre coſté comme toute
éperduë.

Je ſuis morte, j'ay parlé trop haut.

LE VICOMTE *regardant de temps en temps*
Liſette, & ſongeant toutefois encore
à ſa Femme.

Traiſtreſſe!
J'ay toûjours craint cela de ta fauſſe ſageſſe.

LISETTE *croyant qu'il l'avoit entenduë,*
& voulant s'excuſer.

Ce n'eſt qu'une Chanſon...

LE VICOMTE.

Une Chanſon? Tay-toy;
Je ſçay les ſentimens qu'icy l'on a de moy,
Carogne.

LISETTE.

Voyant le Vicomte s'arracher les cheveux.

Mais Monsieur... Arrachez, bon, courage:
S'il en pouvoit crever, ce seroit grand dommage.
Qu'il se fait les yeux doux! le bel objet à voir!
Pour se considerer, que n'a-t-il un Miroir?

LE VICOMTE *encore tout transporté.*

Les Filles de Paris sont pour moy trop rusées.

LISETTE.

Vous vous blessez.

LE VICOMTE *à Lisette.*

J'ay sceu démesler vos fusées;
Avec ma Femme, enfin, je sçay que tu t'entens;
Tu me le payeras sans attendre long-temps.
Dis, qui sont ses Galans?

LISETTE.

C'est vostre jalousie
Qui vous a mis cela dedans la fantaisie:
Et je croy, par ma foy, qu'il en seroit parlé,
Si parmy vostre honneur le sien n'estoit meslé;
Car vous l'y contraignez, puis qu'il faut vous le dire,

LE VICOMTE.

A quoy? dy, dy.

LISETTE.

Jaloux de l'air qu'elle respire,
Lors que vous la tenez serrée entre vos bras,
La voyant, la touchant, vous ne l'y croyez pas:
Vous paroissez jaloux de la Province entiere,
Et ne pouvez souffrir que le Soleil l'éclaire:
Depuis neuf mois qu'à peine elle ose voir le jour,
A-t-elle seulement veu vostre basse-cour?

Luy jettant une Clef.

Tenez, je ne veux plus luy servir de Geoliere,
Vous la pouvez tenir vous-mesme prisonniere,

Ou chercher qui voudra s'en donner le soucy;
Car pour moy, dés demain, je veux sortir d'icy.

SCENE XXIII.

LE VICOMTE seul.

TU fais bien. Je me suis imposé le silence,
  Pour voir jusqu'où pourroit aller ton impudence;
Avant qu'il soit demain, tu pourras dénicher.
Que feray-je ? l'amour ne se sçauroit cacher;
Et bien que les Amans sans cesse dissimulent,
Leurs regards imprudens-découvrent quãd ils brûlent
C'est pourquoy je pretens les voir ensemble tous;
Ceux qui s'aiment, d'abord se feront les yeux doux;
Si je les y surprens, ils rougiront peut-estre,
Et par cette rougeur me feront tout connestre.
Alors... Voicy de ceux que je puis soupçonner.

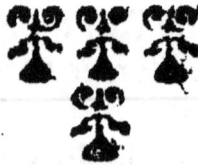

D

<hr />

SCENE XXIV.

CLARICE, LE VICOMTE, CHANTE-PIE, COCHON-VILAIN, BOIS-LE-ROUX.

CHANTE-PIE.

SAns Madame, ma foy, c'est trop se promener.

LE VICOMTE.

Je vay vous l'envoyer querir. Hola, Lisette.

LISETTE *rentrant sur le Theatre.*

Allez-vous me payer ? est-ce une affaire faite?

LE VICOMTE.

Oüy, tu dénicheras, n'en douté nullement:
Mais fay venir icy ma Femme promptement.

LISETTE.

Je ne puis.

LE VICOMTE.

Tu ne peux?

LISETTE.

Non.

LE VICOMTE.

Non? crains ma colere.

LISETTE.

Moy?

LE VICOMTE.

Toy. Ne veux-tu point m'obeïr, & te taire?

CLARICE.

Madame est enfermée, & la Clef est sur vous.

LE VICOMTE.

A l'entendre, on croiroit que je serois jaloux;
Par mégarde, la Clef estoit sur moy restée.

CLARICE.

Sans la croire sur vous, vous l'aviez emportée.

LE VICOMTE.

Vous en estiez faschez, vous autres, que je croy.

BOIS-LE-ROUX.

Nous ! pourquoy?

COCHON-VILAIN.

Pourquoy donc?

LE VICOMTE.

Ah, tréve de pourquoy,
Je suis Dupe, il est vray, mais c'est en apparence.

CHANTE-PIE.

Croyez-vous...

LE VICOMTE.

Que chacun parle à sa conscience.
Vous veniez pour... Mais non, je ne veux dire rien,
Je sçais ce que je sçais, & je le sçay fort bien.

COCHON-VILAIN.

Nous avez-vous priez pour nous faire querelle?

LE VICOMTE.

Moy, je vous ay priez!

CHANTE-PIE.

Vous.

COCHON-VILAIN.

Oüy vous.

LE VICOMTE

Bagatelle,
On ne me berce point avec ces contes-là.

CLARICE.

Je tremble... Son chagrin luy fait dire cela,
Et l'on sçait...

D ij

LE VICOMTE.

Non, morbleu, je n'ay prié perſonne.

CLARICE à part.

Il va tout découvrir.

CHANTE-PIE.

Ce procedé m'étonne.

COCHON-VILAIN.

De voſtre part, pourtant, Maiſtre Blaiſe Clampin,
Eſt venu me prier dés hier au matin;

BOIS-LE-ROUX.

Il m'eſt auſſi venu prier avec inſtance.

CHANTE-PIE.

Il m'eſt venu querir avecque diligence.

LE VICOMTE.

Vous reſviez, que je croy, car ce Blaiſe Clampin,
Eſt allé, par mon ordre, à Paris hier matin;
Et ne peut vous avoir conviez. Mais ma Femme
Vient enfin diſſiper le trouble de voſtre ame;
Vous la faire venir, n'eſt point eſtre jaloux.

SCENE XXV.

LUCRECE, LE VICOMTE,
BOIS-LE-ROUX, COCHON-VILAIN,
CHANTE-PIE, CLARICE, LISETTE.

LE VICOMTE les regardant tous.

HE' bien, Meſſieurs, hay ? quoy ? parlez, qu'en
dites-vous?

Lucrece. Vous, de voſtre coſté, faites leur bon viſage.

CLARICE.

Pour moy, je ne puis rien comprendre à ce langage,

LE VICOMTE.

Hé la-donc? Vous, Messieurs, faites-luy compliment,

COCHON-VILAIN.

Il est fou, sur mon ame.

CHANTE-PIE.

Il l'est assûrément.

COCHON-VILAIN.

Je ne puis rien comprendre à tout ce badinage,

LE VICOMTE.

Vous me faisiez jöüer un fort sot personnage,
Et j'allois estre dupe enfin ; mais Dieu mercy...
Mais Monsieur, s'il vous plaist, vous serez mieux icy.

*Il oste Bois-le-Roux d'aupres de sa Femme, pour
le mettre aupres de sa Sœur.*

Ah quelque Sot pouroit, en sa presence mesme,
Laisser ce beau Blondin aupres de ce qu'il aime.

BOIS-LE-ROUX.

Que veut dire cecy?

CHANTE-PIE.

Qu'est-ce donc? qu'avez-vous?

LE VICOMTE.

Lequel connoist le mieux Cephise de vous tous?

CLARICE *bas à Bois-le-Roux.*

Helas! elle a parlé.

LE VICOMTE *à Clarice.*

Vous paroissez surprise,
Vous rougissez. Ah, mort, vous sçavez l'entreprise,

CLARICE.

Moy, je rougis!

*Regardant
Bois-le-Roux.*

LE VICOMTE.

Voyez comment elle rougit,
Monsieur rougit aussi.

BOIS-LE-ROUX.
Croyez-vous...

LE VICOMTE.

Il suffit.

Comme on voit rarement une Fille muette,
Cephife...

***

SCENE XXVI.

LE VICOMTE, LUCRECE, CLARICE,
BOIS-LE-ROUX, CHANTE-PIE,
COCHON-VILAIN, CLAMPIN,
LISETTE.

CLAMPIN *au Vicomte.*

ME voicy, car voftre affaire eft faite,
Monfieur, & j'ay trouvé fur le chemin celuy
Que je croyois trouver à Paris aujourd'huy?
Pour vous parler d'affaire il vient icy luy-mefme.

CLARICE.

Ah tout cecy me met dans une peine extréme.

LE VICOMTE *à Clampin.*

Fus-tu chez ces Meffieurs hier?

CLARICE.

Que j'ay d'effroy!

CLAMPIN.

Quoy faire?

LE VICOMTE.

Les prier de fouper avec moy.

CLAMPIN.

Moy?

COCHON-VILAIN.
C'est la verité.

CHANTE-PIE.
Vous nous en devez croire.

CLARICE.
Vous n'en tirerez rien, je voy qu'il vient de boire.

BOIS-LE-ROUX.
Il ne s'en souviendra donc plus?

CLARICE.
Non, que je croy.

COCHON-VILAIN *le tirant.*
Dy-moy, ne-vins-tu pas hier me prier chez-moy?

CHANTE-PIE *le tirant aussy.*
Ne vins-tu pas aussi chez moy? répons donc?

LE VICOMTE.
Traistre;
Si tu ne leur répons, répons donc à ton Maistre.
Fus-tu chez ces Messieurs hier? Peste du Sot.
Quoy, je ne puis de toy tirer enfin un mot?
Si tu ne me répons, je t'étrangleray.

Le prenant au colet.

CLAMPIN *à Clarice.*
Dame,
Dites-moy ce qu'il faut que je dise, Madame.

LE VICOMTE.
Mais ma Sœur, & Monsieur, paroissent bien confus.

CLARICE.
Sans consommer le temps en discours superflus,
Ne trouvant plus de jour à m'en pouvoir defendre,
Je vay tout débroüiller, Messieurs, & vous surprendre

Je confefferay donc, & mefme devant tous,
Que j'aimois en fecret Monfieur de Bois-le-Roux,
Et que pour luy parler, ne fçachant plus que faire,
Je vous ay fait mander de la part de mon Frere,
Afin que mon Amant, dont l'entretien m'eft doux,
Sans qu'on foupçonnât rien, pût paffer parmy vous.
Cephife, qui m'a fait trouver ce ftratagéme,
N'en a pas pû garder le fecret elle-mefme;
Et ce Sot...

LE VICOMTE.

C'eft affez.

COCHON-VILAIN.

Nous avions tort, Monfieur,

CHANTE-PIE.

Grand tort.

LE VICOMTE.

Vous en fçavez beaucoup, ma chere Sœur,
On ne peut, à les voir, connoiftre les Perfonnes;
Ma Femme avecque vous, en apprendroit de bonnes.
Ah je veux qu'au plutoft Monfieur de Bois-le-Roux,
Hors d'icy vous emmeine, & qu'il foit voftre Epoux:
Vous ferez au Contract, Meffieurs, je vous en prie,
Et partirez apres cette ceremonie.

SCENE

SCENE DERNIERE.

LE VICOMTE, LUCRECE, CLARICE,
COCHON-VILAIN, CHANTE-PIE,
BOIS-LE-ROUX, BOIS-DOUILLET,
SON FILS, CLAMPIN, LISETTE.

BOIS-DOUILLET *avec une Serviete,*
& le Verre à la main.

Allons, Messieurs, allons c'est trop se faire attendre
COCHON-VILAIN.
Ce qui nous fait rester, vous doit beaucoup surprendre
CHANTE-PIE.
C'est l'Hymen de Clarice avecque Bois-le-Roux;
Et de la Feste, enfin, nous sommes priez tous.
BOIS-DOUILLET.
Tant mieux, nous dancerons. Il faut que je la baise;
Je lis dedans ses yeux qu'elle sera bien aise
Quand.... Elle m'entend bien Messieurs, à sa santé;
C'est un Vin admirable, en avez-vous gousté?
Il est fort petillant, & sa séve..... *à Lucr.* De grace,
Madame, goustez-en. Vous faites la grimace!
Il boit. A quoy bon entre nous faire tant de façon?
COCHON-VILAIN.
Bois-Douillet est gaillard.
CHANTE-PIE.
Et bien vert.

E

www.ingramcontent.com/pod-product-compliance
Lightning Source LLC
LaVergne TN
LVHW022156080426
835511LV00008B/1441